D1696963

Uwe Fiedler

CHEMNITZ

Ein verlorenes Stadtbild

Wartberg Verlag

Fotonachweis:
Alle Fotos aus dem Fotoarchiv des Schloßbergmuseums Chemnitz.

1. Auflage 1994
Alle Rechte vorbehalten, auch die des auszugsweisen Nachdrucks und der fotomechanischen Wiedergabe.
Druck: Druckhaus Thiele & Schwarz, Kassel
Buchbinderische Verarbeitung: Fleischmann, Fulda
© Wartberg Verlag Peter Wieden
34281 Gudensberg-Gleichen, Im Wiesental 1
Tel.: 05603/4451 u. 2030
ISBN 3-86134-175-1

Vorwort

Um es vorauszuschicken: das Chemnitz, das sich im vorliegenden Band anhand von Fotografien aus fast 130 Jahren präsentiert, ist nicht "mein Chemnitz". Die alte, 1945 im Bombenhagel untergegangene Stadt ist den Nachkriegsgeborenen fremd geblieben. Für uns war - zwecklos, dies leugnen zu wollen ! - die "helle, lichte Großstadt", die ab 1953 nach dem Willen der Partei- und Staatsführung der DDR "Karl-Marx-Stadt" zu heißen hatte, das zwar nicht hemmungslos geliebte, dennoch aber vertraute Lebensumfeld. Aber gerade in dieser Realität der Großplatten, der breiten Aufmarschstraßen und des Karl-Marx-Monumentes in der Innenstadt, ließen Fragmente einer anderen Zeit immer wieder die Frage nach dem alten Chemnitz aufkommen. Da war das Bankgebäude, das irgendwie nicht so richtig auf die grüne Wiese des Posthofes zu passen schien, da waren alte Straßenbahntrassen, die scheinbar im Nichts endeten und Plätze, von deren einstiger Funktion lediglich noch der Name sprach. Ging man dieser Diskrepanz zwischen Alt und Neu nach, verdichtete sich immer stärker die Überzeugung, daß man dieser Stadt Gewalt angetan hatte, Gewalt, die sich nicht nur im Zerbomben, Abtragen und Umbenennen äußerte, sondern häufig gutgemeinter Fortschrittsgläubigkeit geschuldet war.

Dem "Fortschritt" fiel in der ersten Hälfte des 19. Jahrhunderts das noch fast mittelalterlich anmutende Chemnitz zum Opfer. Sentimentale Erinnerungen, nostalgische Gefühle? Dafür war im Zeitalter der industriellen Revolution kein Platz. Was alt war und eng, was die freie Entfaltung von Industrie und Handel behinderte, mußte aus dem Weg. Die Stadtmauer fiel, Stadtkern und Vororte expandierten, wuchsen aufeinander zu und fusionierten schließlich. Der Gewerbefleiß vorangegangener Jahrhunderte hatte für die Industrialisierung wichtige Grundlagen geschaffen, Textilindustrie und Maschinenbau machten die Stadt zur "Ersten Fabrik- und zweiten Handelsstadt" im Königreich Sachsen. „Sächsisches Manchester" oder auch - weniger schmeichelhaft - "Ruß-Chamtz" nannte man das Resultat dieser Entwicklung. Das Stadtbild war geprägt von Fabrikkomplexen, die sich bis an den Stadtkern heranzogen, und von dichtbesiedelten Wohnquartieren. Der nächste Bauboom ging im Gefolge der Gründerjahre einher. Die moderne City entstand mit Finanz- und Verwaltungseinrichtungen, mit Geschäftsstraßen und Kultureinrichtungen. Bis zum Vorabend des Ersten Weltkrieges hatte sich Chemnitz herausgebildet, das den alten Bürgern der Stadt liebgeworden war, das in den Bombennächten des März 1945 verbrannte und dem der vorliegende Band hauptsächlich gewidmet ist.

Ob dieses verlorene Stadtbild das Prädikat "Schön" verdient, mag der Betrachter der Fotografien selbst entscheiden. Vielleicht bringen die Bilder die Wiederbegegnung mit Vertrautem, vielleicht machen sie denen, die dieses Chemnitz nicht aus eigenem Erleben kennen, Lust, sich anhand der vorhandenen baulichen Restsubstanz ihr ganz persönliches Bild vom alten Chemnitz zusammenzusetzen.

Das vorliegende Buch erhebt keinen Anspruch auf eine lückenlose Darstellung dessen, was durch Bombenangriffe und den Versuch, eine "sozialistische" Musterstadt zu schaffen, zerstört wurde. Es zeigt auch nicht alle, im Stadtbild noch vorhandenen historischen Bauten. Bei der Auswahl der Motive wurde allerdings bewußt auf bisher selten oder noch gar nicht publizierte Originalfotografien aus dem Fotobestand des Schloßbergmuseum Chemnitz zurückgegriffen. Damit sollen die neueren, in der Hauptsache seit 1989 entstandenen Publikationen, die sich dem Stadtbild des alten Chemnitz widmen, um eine kleine, aber wichtige Nuance erweitert werden.

Mein Dank geht an meine Mitarbeiterin am Schloßbergmuseum, Frau Sybille Fischer, die das Fotomanuskript für den vorliegenden Band erstellte und an die "alten" Chemnitzer, die mit ihrer Begeisterung dafür gesorgt haben, daß das verlorengegangene Chemnitz doch auch irgendwo "mein" Chemnitz geworden ist.

Foto rechts: Das Alte Rathaus. Obwohl sich die Ratsverfassung der Stadt bereits im 13. Jahrhundert herausbildete, mußten noch 200 Jahre vergehen, ehe Bürgerstolz und kommunales Selbstbewußtsein ihren Ausdruck in einem repräsentativen Rathausbau fanden. Unter Einbeziehung des mittelalterlichen Hohen Turmes sowie des um 1486 entstandenen Uhrturmes wurde das erste steinerne Rathaus der Stadt in den Jahren 1496-98 errichtet. Sein heutiges Aussehen in den Stilformen der Renaissance erhielt es, im Resultat mehrerer Umbauten, im 17. Jahrhundert.

Die Fotografie von 1902 zeigt links den Blick in die Innere Klosterstraße, im Vordergrund die Standbilder Kaiser Wilhelms I., Bismarcks und Moltkes (1888 errichtet) sowie rechts die Bürgerhäuser mit "den Lauben".

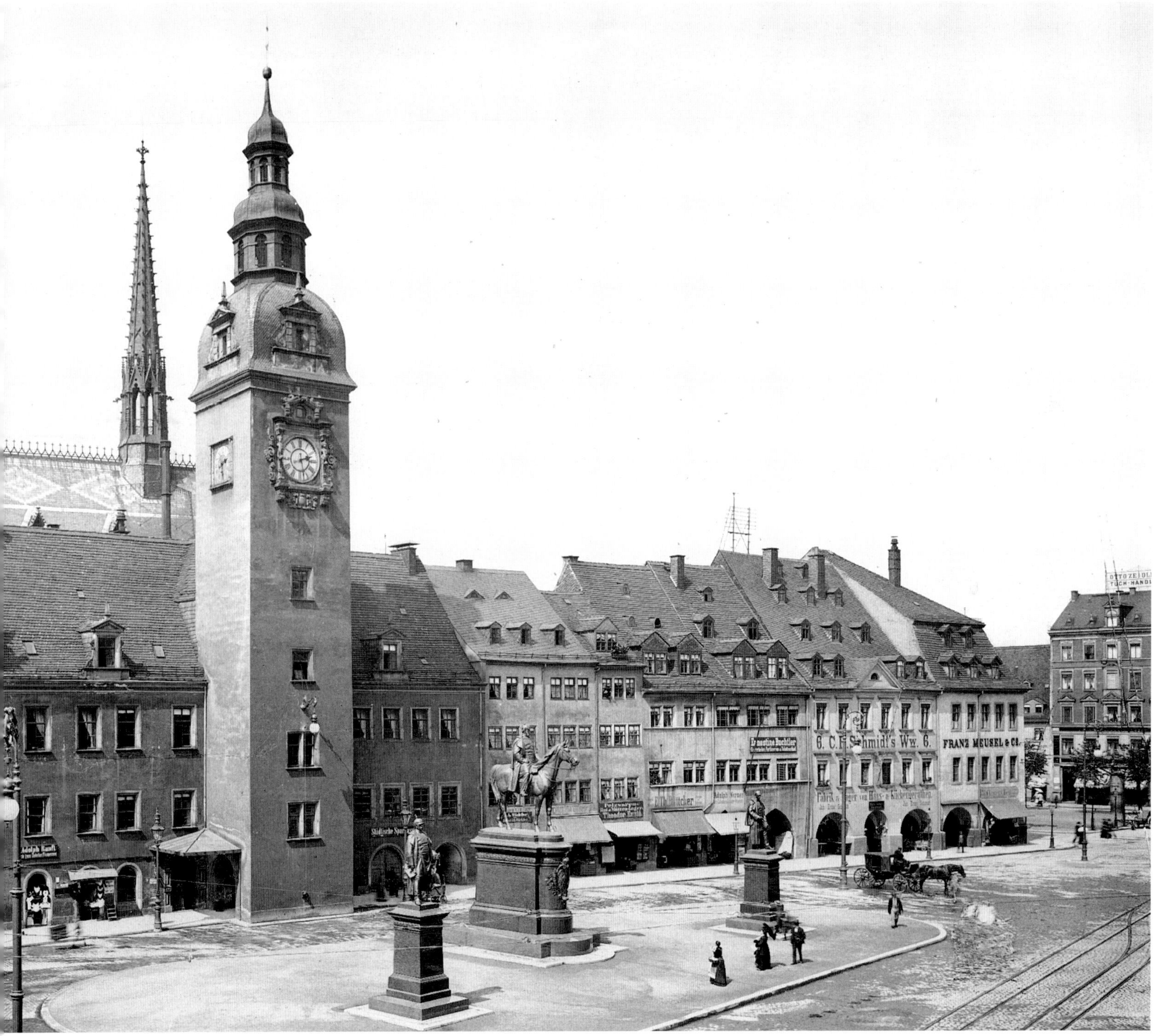
FRANZ MEUSEL & Co.

Foto oben: Die "Lauben" am Markt. Der Chemnitzer Holzhändler Schmidt steht hier für die vielen Handwerker und Kleingewerbetreibenden, die unter den Arkaden der Bürgerhäuser neben dem Alten Rathaus, den "Lauben", ihre traditionellen Verkaufsstände hatten.

Foto rechts: Blick über den Markt in Richtung Innere Johannisstraße. Der Marktplatz auf dieser Aufnahme von Clemens Seeber aus dem Jahr 1901 mutet noch nahezu biedermeierlich-kleinstädtisch an. Trotz weitgehender Beibehaltung der rechtsseitigen Bausubstanz entsteht hier in den Folgejahren ein verkehrsreiches urbanes Zentrum mit Cafés, Kinos und Einkaufsmeile. Vis á vis des Reiterstandbildes stößt die Bretgasse auf den Markt.

PASSAGE.
S. Simon
Emil Hartenstein.
Cigarren
Emil Hartenstein.
Paul Mitzscher.

Verband Deutscher
Handlungsgehülfen.
Uhren
Eduard
Goldwaren
Herrmann
Paul Thum
Modes
C.F. Becker
Modes
Eduard Herrmann

Barockhaus am Markt. Das vom Chemnitzer Handelsherrn Siegert im sächsischen Barock gebaute Wohnhaus *(S. 8)* wurde im März 1945 bis auf die Fassade zerstört *(Foto oben)*. Dank der Rekonstruktionsmaßnahmen in den Jahren 1953/54 dominiert das Siegert-Haus noch heute die Westfassade des Marktplatzes.

Foto rechts: Der Neumarkt. Auf dieser Fotografie aus dem Jahr 1906 geben die niedrigen Bürgerhäuser am Neumarkt noch den Blick frei auf die Jacobi-Kirche mit ihrem neogotischen Dachreiter.

Die städtische Hauptkirche St. Jacobi. Die 1254 ersterwähnte Kirche hatte sich noch 1876 ihre gotische Gestalt bewahrt. Nachdem ihr Giebel, dem Zeitgeschmack folgend, 1877-80 im neogotischen Stil umgebaut wurde, kam der Kirchenvorstand 1910 überein, beim erneuten Umbau den ursprünglichen Charakter des Hauses trotz der Einbeziehung von Elementen des Jugendstils wieder stärker zu betonen *(oben)*.

Der Hohe Turm rechts neben der Fassade ging aus einer mittelalterlichen innerstädtischen Eigenbefestigung hervor und ist nicht der Kirche zugehörig.

Foto oben: Jacobiviertel. Die Häuser hinter der Jacobikirche, an deren Marktseite sich die Lauben befanden, wurden 1907, als der Rathausneubau Baufreiheit erforderte, abgebrochen. Auch die alte Chemnitzer Lateinschule, im Bild am Renaissance-Portal erkennbar, fiel den Baumaßnahmen zum Opfer. Dieses Foto, wie auch der Blick durch das Zuckergäßchen zum Neumarkt *(Foto links)* lassen noch eine leise Erinnerung an das Chemnitz vergangener Jahrhunderte aufkommen.

Foto oben: Das Neue Rathaus. Das Alte Rathaus sowie dessen kurzzeitiger Nachfolgebau am Beckerplatz genügten dem wachsenden Verwaltungsaufwand einer modernen Großstadt im 20. Jahrhundert nicht mehr. 1905 wurde der Beschluß zum Bau des Neuen Rathauses gefaßt. Stadtbaurat Richard Möbius integrierte das Alte Rathaus in den 1907-11 ausgeführten neuen Komplex und verschmolz im Neubau historisierende, auf Tradition und Geschichte der Stadt verweisende Stilelemente mit dem damals zukunftsweisenden Jugendstil.

Foto rechts: Blick vom Rathaus in Richtung Gablenz.

PASSAGE.

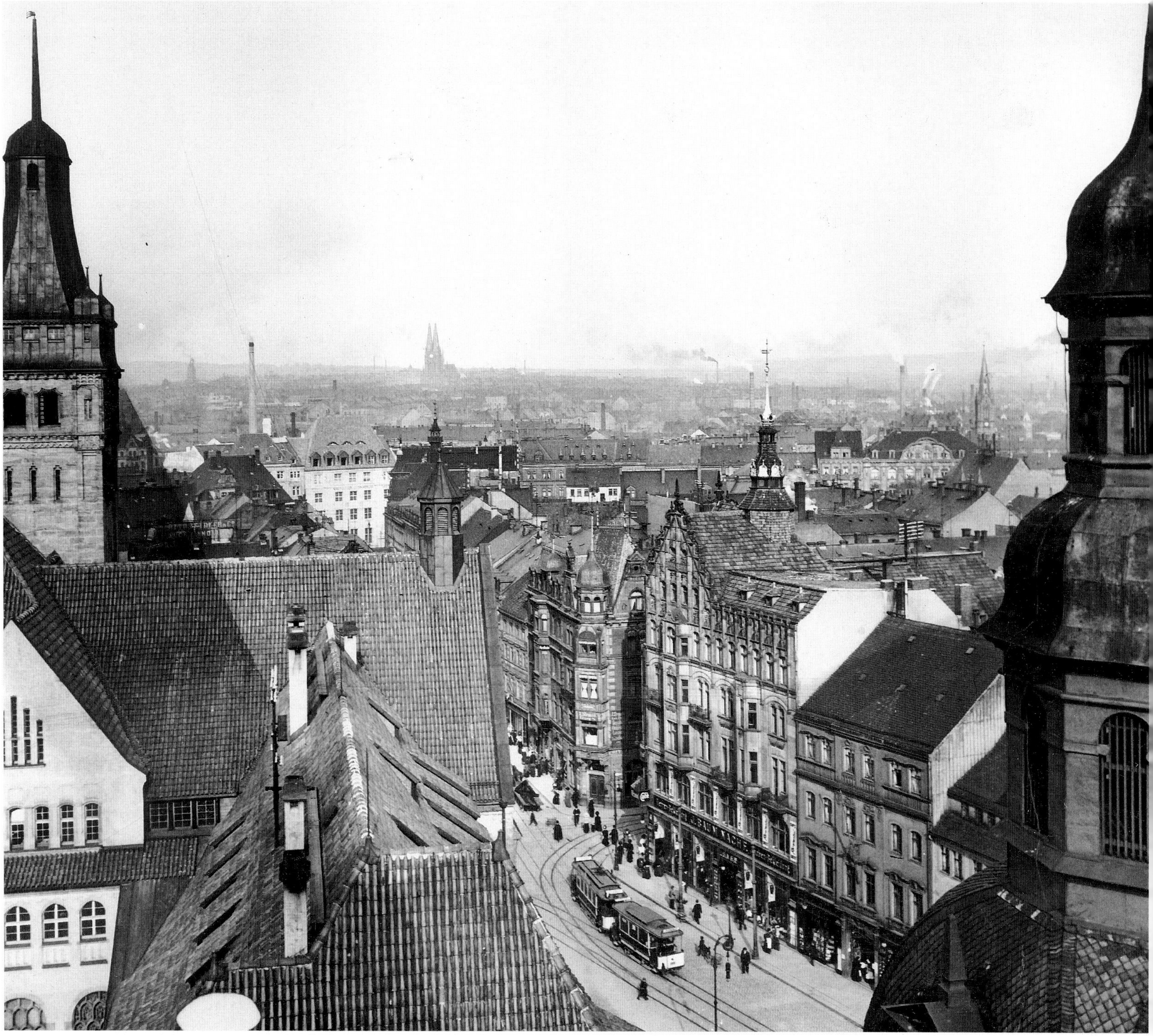

Foto links: Ausblick vom Hohen Turm. Die spätklassizistischen Bürgerhäuser an der Ecke Neumarkt, Kronen- und Johannisstraße sind dem Neorenaissance-Bau des Rathaus-Cafés gewichen. Über dessen Giebel geht der Blick des Betrachters in Richtung der dichtbesiedelten Quartiere des Sonnenberges mit der zweitürmigen Markuskirche.
Foto oben: Der Blick in die Gegenrichtung verdeutlicht anhand der Altchemnitzer Fabrikschlote, woher die Stadt den wenig schmeichelhaften Beinamen "Ruß-Chamtz" erhielt.

Um die Nikolai-Kirche (im Bild oben links) entstand vermutlich im frühen 12. Jahrhundert einer der ersten Siedlungskerne. Der Stadtteil Kappel, der sich hinter der Kirche zwischen Stollberger und Zwickauer Straße erstreckt, erhielt seinen Namen von der Kapelle der mittelalterlichen Kaufmannssiedlung.

1945 wurde nahezu das gesamte Gebiet zwischen Sonnenberg und Kappel Opfer der Bombenangriffe.

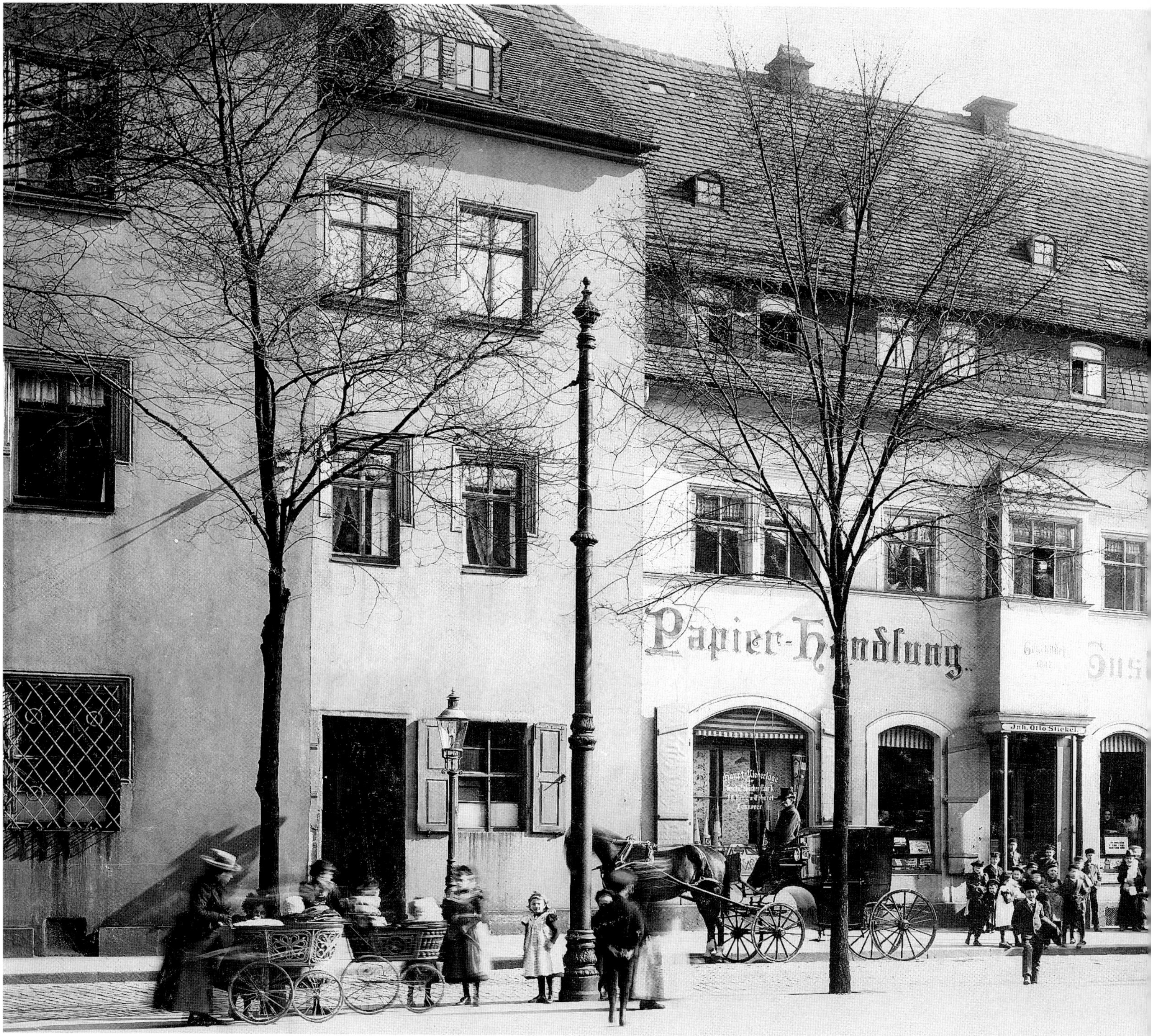
Papier-Handlung
Jnh. Otto Stickel
Haupt-Niederlage

Der Roßmarkt. Von der Spezialisierung vieler Chemnitzer Marktplätze kündet zu Beginn des 20. Jahrhunderts, wie hier im Fall des Roßmarktes, nur noch der Name. Der Platz verschwand während des Wiederaufbaus völlig aus dem Stadtbild. Auf seinem Gelände entstanden die Großplattenwohnblocks am Rosenhof. Die Aufnahme entstand vom Saxonia-Brunnen aus, um dessen Wiedererrichtung sich heute der Chemnitzer Geschichtsverein bemüht. Ein Stück des alten Chemnitz, eingebunden in die Neubebauung der Innenstadt, soll damit wieder lebendig werden.

Das Gebäude am linken Rand der Fotografie ist der Schütze-Hof, das Wohnhaus einer der bedeutendsten Chemnitzer Patrizier-Familien der Renaissancezeit.

Foto links: Der Rote Turm. Das auf die Mitte des 12. Jahrhunderts zurückgehende Bauwerk gilt als Wahrzeichen der Stadt. Als Sitz des Stadtvogtes hatte der Turm ursprünglich den Charakter einer innerstädtischen Eigenbefestigung, bevor er in die Stadtmauer eingebunden wurde. Das 20. Jahrhundert sah den Roten Turm noch als Teil der Bezirksgefangenenanstalt. Nach der Zerstörung der Innenstadt in den 50er Jahren rekonstruiert, beherbergt der Turm heute eine Außenstelle des Schloßbergmuseums.

Foto rechts: Innenhof der Adlerapotheke. Das 1673 errichtete Haus an der Ecke Kronen-/Innere Johannisstraße, war bis 1813 die einzige Chemnitzer Apotheke. Ende des 19. Jahrhunderts mußte auch sie der Neubebauung weichen.

19

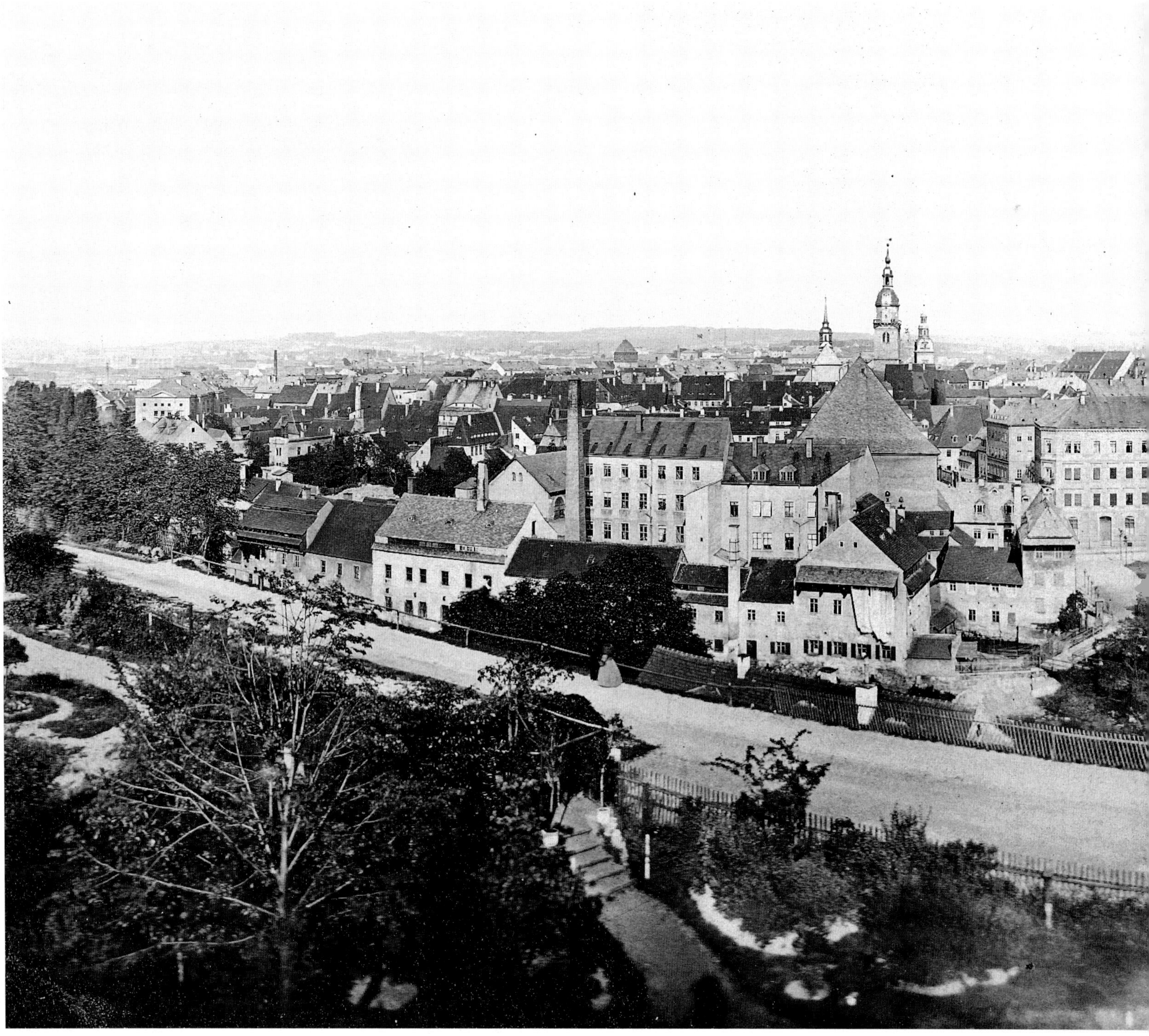

Blick von der Hohen Straße auf die Innenstadt. Diese relativ frühe Panorama-Aufnahme aus dem Jahr 1872 macht deutlich, daß der Türme-Reichtum der Innenstadt eine Zutat der jüngeren Vergangenheit ist: Noch fehlt der massive Turm des Neuen Rathauses, und auch der wuchtige Dreiecksgiebel der Neuen Johannis- (ab 1875 Pauli-) Kirche entbehrt seines neugotischen Turmes. Klein und kaum wahrnehmbar, erhebt sich links vom Rathaus der Rote Turm aus dem Häusergewirr. Im Bild rechts oben mündet die Theaterstraße hinter der Nikolaibrücke in die Poststraße ein.

Foto oben: Geburtshaus des Komponisten Franz Maierhof. Das Haus ließ 1857 der Chemnitzer Kantor Stahlknecht als Wohnhaus für seine Familie errichten. Er leitete damit die Bebauung des westlich der Innenstadt gelegenen Kaßberges ein.

Foto unten: Blick vom Kaßberg auf die Fabrikgebäude der Germania AG, vorm. Schwalbe & Sohn an der Chemnitz zwischen Markthalle und Paulikirche, die 1750-56 auf dem Boden des ehemaligen Franziskanerklosters entstand.

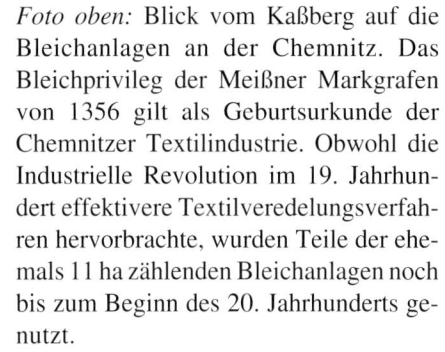

Foto oben: Blick vom Kaßberg auf die Bleichanlagen an der Chemnitz. Das Bleichprivileg der Meißner Markgrafen von 1356 gilt als Geburtsurkunde der Chemnitzer Textilindustrie. Obwohl die Industrielle Revolution im 19. Jahrhundert effektivere Textilveredelungsverfahren hervorbrachte, wurden Teile der ehemals 11 ha zählenden Bleichanlagen noch bis zum Beginn des 20. Jahrhunderts genutzt.

Foto unten: Blick über die Innenstadt zur Aktienspinnerei. Das 1857 gegründete Unternehmen war die bedeutendste sächsische Aktiengesellschaft und eine der modernsten Fabrikanlagen Deutschlands. Leipziger und Berliner Banken waren mit einem Kapital von einer Million Talern beteiligt. 1859 beschäftigte die Aktienspinnerei fast 600 Arbeiter.

Foto links: Die seltene Aufnahme der Johanniskirche entstand 1878, als der Turm, initiiert durch Oberbaurat Gottschaldt, seine neogotische Turmhaube erhielt. Rechts vom Turm erhebt sich der Dachreiter des Rathauses am Beckerplatz aus dem Häusermeer der Stadt, das Haus links des Turmes beherbergte den Chemnitzer Arbeiterwohlfahrtsverein.

Foto rechts: Die Kirche der Johannisvorstadt zeigt sich hier mit dem bis in die siebziger Jahre erhaltenen JugendstilTurm, der 1913 nach Plänen der Architekten Zapp und Basarke ausgeführt wurde. Man blickt hier vom Hospitalgäßchen mit der Mädchenschule auf St. Johannis.

Foto rechts außen: Die Nikolaikirche an der Stollberger Straße. Nach Plänen des Dresdner Architekten Schramm erhielt die Kirche in den Jahren 1885-88 das abgebildete Aussehen. In den Bombennächten des März 1945 verschwand auch die Nikolaikirche aus dem Stadtbild.

25

Die Synagoge. Seit der Reformation hatte sich das protestantische Sachsen nicht gerade durch Judenfreundlichkeit ausgezeichnet. Nach den 70er Jahren des 19. Jahrhunderts aber waren Angehörige der mosaischen Religion in Chemnitz zu geachteten Mitbürgern geworden. Als die israelitische Religionsgemeinschaft 1897-99 im großbürgerlichen Wohnviertel des Kaßberges ihr Gotteshaus errichtet, sprach man allenthalben von einer Zierde der Stadt. Die aus Lang- und Querhaus bestehende Synagoge mit 282 Frauen- und 403 Männersitzen fiel am 9. und 10. November 1938 dem Terror der Nazis zum Opfer.

Das ehemalige Benediktinerkloster. Das 1136 gestiftete Benediktinerkloster wurde im Zuge der Reformation in ein kursächsisches Amtsschloß umgebaut. In den Jahren 1929-31 richtete die Stadt in seinen Räumen das Museum für Stadtgeschichte, das heutige Schloßbergmuseum, ein. Das spätgotische Astwerkportal der Schloßkirche von Hans Witten und Franz Maidburg *(Foto oben)* wurde 1973 von der Nordfassade ins Innere der Hallenkirche versetzt.

Blick über den Schloßteich der Stadt. Der Ende des 15. Jahrhunderts von den Mönchen des Benediktinerklosters angelegte Teich erhielt ab 1860 weitgehend sein heutiges Aussehen. Nach Plänen des ehemaligen Stadtrates Robert Zipper wurden die Ufer entschlammt, aus den gewonnenen Schlamm-Massen eine künstliche Insel geschaffen und die Parkanlagen rings um den Teich angelegt. Nach 1930 erfolgte nochmals eine Erweiterung der Parkanlagen um eine im französischen Stil gehaltene Gartenzone mit Springbrunnen, Rosengarten und Freiplastik. Die berühmte Figurengruppe "Die Tageszeiten" von Johannes Schilling, die bis 1879 die Brühl´sche Terrasse in Dresden schmückte und 1897 der Stadt Chemnitz zum Geschenk gemacht wurde, fand nach der Überbauung ihres Standortes am Schillerplatz hier ihr Domizil.

Das Rosarium im Stadtpark. 1886 stellte der Chemnitzer Großindustrielle Claus der Stadt ein Areal am Chemnitzufer zur Verfügung. Er verband die Schenkung mit dem Wunsch nach Nutzung durch die Öffentlichkeit, die Stadt griff diesen Gedanken auf und in der Folgezeit entwickelte sich aus dem 3,3 ha großen Gebiet die größte geschlossene Parkanlage der Stadt. Seit der Eingemeindung der Vororte Helbersdorf und Markersdorf erstreckt sich der Stadtpark über eine Länge von 6 km vom Harthwald bis an die Südgrenze der Innenstadt. Der im Stil eines englischen Gartens angelegte Park schließt in Höhe der Kauffahrtei den großen Rosengarten ein.

Der Walkgraben. Bedingt durch den Umgang mit „scharfen und übelriechenden" Substanzen, hatten Gerber und Walker aus stadthygienischen Gründen ursprünglich ihren Gewerbestandort außerhalb des Mauerberings. Der Chemnitzer Walkgraben, hier eine Aufnahme um 1900, zog sich vis á vis der Nikolaikirche von der Innenstadt weg in Richtung Kappel. Interessant ist die Tatsache, daß sich bis ins 19. Jahrhundert in unmittelbarer Nähe des Walkgrabens die Scharfrichterei befand, der Henker und Scharfrichter war der "outsider" der Gesellschaft schlechthin, die Nähe der Walker zu seinem Anwesen läßt deutliche Rückschlüsse auf ihren sozialen Status zu.

Am Eingang des Walkgrabens lag der Gasthof zur Linde, in dem in den 70er Jahren des 19. Jahrhunderts Karl May häufig logierte. Gelegentlich taucht die "Linde" in Mays Werken auf.

Foto oben: Die Aktien-Brauerei in Schloß-chemnitz. Die 1857 gegründete Brauerei war ein für ihre Zeit nahezu ultramodernes Unternehmen. Auf 180 m abgeteufte Brunnen belieferten die Brauhäuser mit frischem Quellwasser, gewährten somit erstklassige Qualität von jährlich 200.000 Hektolitern Lagerbier.

Foto unten: Blick auf die Amalienstraße mit der Firma Leistner Holzwaren. Auf dem Sonnenberg klafften Name und Lebensrealität weit auseinander. Auf dieser Fotografie wird das enge Beieinander von Wohn- und Arbeitsbereichen besonders deutlich: dichtbesiedelte Quartiere von Proletariern und kleinen Gewerbetreibenden sind durchzogen von Produktions- und Dienstleistungsbetrieben kleinerer und mittlerer Größe.

3189
1848
Erster
Wagen
transport
1908
Wagen
transport
ST
757

Letzter Lokomotivtransport der Sächsischen Maschinenfabrik vorm. Richard Hartmann AG. mit Pferden. Im Kampf um günstige Gleisanschlußmöglichkeiten führten die beiden großen Chemnitzer Maschinenbaufirmen, Hartmann und Schönherr, einen regelrechten "Eisenbahnkrieg". Die jahrzehntelangen Behinderungen durch das Konkurrenzunternehmen traf Hartmann besonders hart, da die Firma aufgrund ihrers Produktionsprofils auf Anschlüsse zum öffentlichen Eisenbahnnetz angewiesen war: 3189 bei Hartmann bis 1908 produzierte Lokomotiven mußten somit im aufwendigen Transportverfahren über die Straßen der Stadt zum Bahnanschluß transportiert werden, ein Ritual, das jeweils Scharen von Schaulustigen anlockte.

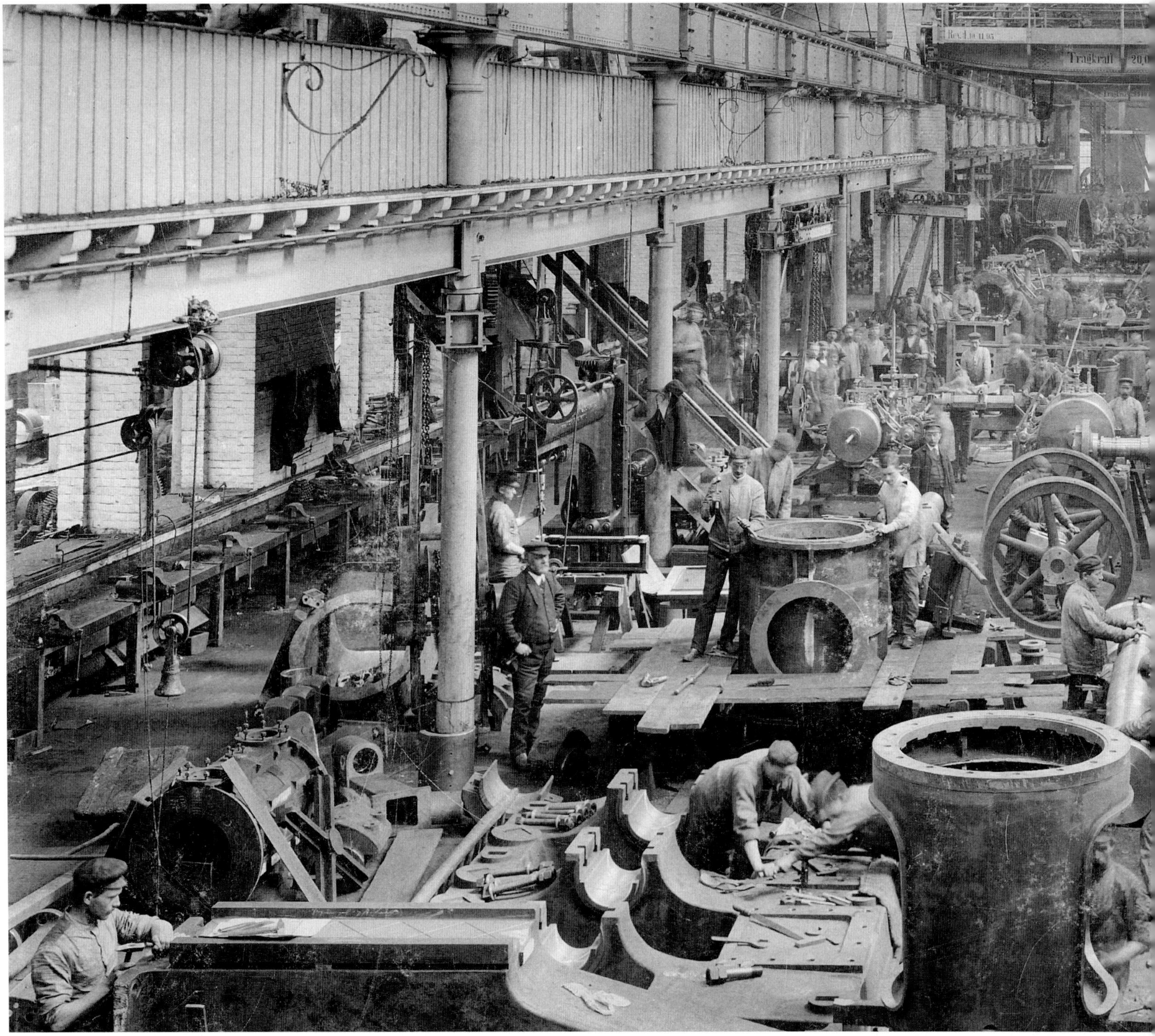
Tragkraft

Dampfturbinenbau in der Sächsischen Maschinenfabrik vorm. Rich. Hartmann Aktiengesellschaft. Das von Richard Hartmann 1837 mit drei Arbeitern gegründete Unternehmen hatte sich bis zur Jahrhundertwende zum größten Arbeitgeber der Stadt, bei dem fast 5700 Beschäftigte in Lohn und Brot standen, entwickelt. Ursprünglich auf die Reparatur von Textilmaschinen spezialisiert, verließen bis zum 75. Jahr seines Bestehens neben 3500 Lokomotiven 39100 Werkzeug- und Textilmaschinen, 50500 Webstühle, 2800 Dampfmaschinen, 8000 Dampfkessel, 1200 Lokomotivtender, 20000 Tonnen Transmissionen usw. das Unternehmen. Der durchschnittliche Jahresumsatz des Unternehmens, das zu 40% für den Export produzierte, belief sich im ersten Jahrzehnt des 20. Jahrhunderts auf ca. 15 Millionen Mark.

Einrichtungen der Chemnitzer Kaufmannschaft. Am 27. Oktober 1899 erfolgte die Grundsteinlegung zum Kaufmännischen Vereinshaus *(S. 36)* in der Moritzstraße. Mit seinem ca. 2000 Personen fassenden Festsaal zählte der vom Dresdener Architekt R. Schleinitz entworfene Veranstaltungsbau zu den meist frequentiertesten Kultur- und Vergnügungseinrichtungen der Stadt. Zusätzlich zum Großen Festsaal standen ein weiterer kleinerer Saal, Vereins-, Gast- und Nebenräume sowie ein Garten der Allgemeinheit zur Verfügung. Prosperierender Handel erfordert qualifiziertes Personal. Um eine entsprechende Ausbildung abzusichern, wurde bereits 1848 die öffentliche Handelslehranstalt, damals mit 71 Schülern, eröffnet. 1879 nahm man den Lehrbetrieb (Lehrlings-, Höhere Ausbildung und Weiterbildung) im Neubau an der Hedwigstraße *(S. 37)* auf.

OEFFENTLICHE HANDELS-LEHRANSTALT.

Foto oben: Die Technischen Staatslehranstalten gingen aus der 1836 gegründeten "Gewerb-Schule" hervor. Aufgabe der Lehranstalt, an der im Studienjahr 1910/11 1249 Schüler eingeschrieben waren, bestand in der wissenschaftlichen Ausbildung der künftigen technischen Intelligenz. Der Hauptbau an der damaligen Schillerstraße ist heute Verwaltungssitz und Lehrgebäude der Technischen Universität Chemnitz/Zwickau.

Foto unten: 1852 erhielt Chemnitz mit der Verbindung nach Riesa Anschluß an das Eisenbahnnetz. Infolge des rasanten Ausbaues der Bahnlinien machte sich bereits 1858 der Bau des Hauptbahnhofes erforderlich, der um die Jahrhundertwende erheblich erweitert werden mußte: die täglich verkehrenden 240 Züge wurden jährlich von 8,5 Mill. Fahrgästen frequentiert.

Foto oben: Die einstmals bedeutende, 4500 qm große und 360 Handelsständen Platz bietende Markthalle am Ufer der Chemnitz fristete, als Warenlager umfunktioniert, lange Zeit ein Schattendasein. Seit 1994 aber laufen Rekonstruktionsarbeiten, in deren Resultat die Halle ihrer ursprünglichen Funktion, allerdings ergänzt um gastronomische und kulturelle Einrichtungen, wieder zugeführt werden wird.

Foto unten: Der neogotische, 1867 fertiggestellte Bau an der Ecke Carola-/Bahnhofsstraße war ursprünglich Wohnsitz des Chemnitzer Großindustriellen Kommerzienrat von Zimmermann. 1884 erwarb Julius Wolff das Gebäude, der es zum Carola-Hotel umfunktionierte.

Am 1. September 1909 eröffnete das ursprünglich als Mehr-Sparten-Spielstätte konzipierte Neue Stadttheater *(Foto oben)*. Wie aber die anderen Chemnitzer Spielstätten auch, spezialisierte sich das Haus in den Folgejahren: sein Ressort wurde, neben klassischen Drama, die Große Oper. Der Zeitgeschmack verlangte aufwendiges Ausstattungstheater. Mit der damals ultramodernen Bühneneinrichtung und excellenten Theaterkräften war das Neue Stadttheater in der Lage, diesen Publikumswünschen Rechnung zu tragen. Nach umfassender Rekonstruktion nahm das heutige Opernhaus als eine der modernsten europäischen Spielstätten im Dezember 1992 den Spielbetrieb wieder auf.

Architektonisch ist das Opernhaus Bestandteil des von Richard Möbius geschaffenen Ensembles am ehemaligen Königsplatz. Auslösendes Moment für die Anlage war die Überlegung, das 25jährige Regierungsjubiläum König Alberts mit der Errichtung eines "König-Albert-Museums" *(Foto unten)* zu würdigen. Die

Realisierung der Vorhaben, Museum und Oper, war durch die wirtschaftliche Hochkonjunktur in Reich und Stadt möglich geworden. Durchaus nicht unangefeindet, aber von Gutachtern wie Paul Wallot hoch gelobt, wurde der Komplex im Beisein König Friedrich Augusts von Sachsen 1909 eingeweiht.

Anstelle der Parkanlagen mit den Schilling-Plastiken der vier Tageszeiten entstand um 1928 das Hotel "Chemnitzer Hof" *(Foto oben, im Bild rechts)*.

Während der Umgestaltung des einstigen Neustädter Marktes zum Königsplatz war die auf der angrenzenden Schillerstraße bis 1893 verkehrende Pferdebahn *(Foto unten)* bereits Geschichte geworden.

Platz-Wetten für 1. 2. evtl. 3. Pferd.
Siegwetten.
S. 97.
11.
PAUL HARTMANN·
OBERWIESA.

Chemnitz hat als Sportstadt eine fast 175jährige Tradition. Sportliche Großereignisse wie die Pferderennen auf dem Rennplatz Chemnitz-Furth *(Foto links)* zogen Scharen von Besuchern an. Ballonfliegen, eine Sportart, die derzeit buchstäblich neuen "Aufwind" bekommt, stand bereits 1909 bei den Chemnitzern hoch im Kurs. Die Fotografie vom 28.11.1909 *(Foto oben)* zeigt die Taufe des Ballon "Chemnitz", der sich anschließend auf Fahrt in Richtung Schneekoppe begab, begleitet von den Ballonen "Leipzig", "Graf Zeppelin"/Dresden und "Plauen"/Voigländischer Luftschiffverein.

„STADT GOTHA."
AUTOMAT.
RESTAURANT.
VEREINIGTE SCHUHFABRIKEN A.G.
UTOMAT
ESTAURANT
lektrisch
tomatisch.
EDIENE
DICH
LBST!.
Dieser Platz ist reservirt
Sensations-Reklame.

Das am Verkehrsknotenpunkt Johannisplatz gelegene Hotel "Stadt Gotha" *(Foto links)* galt um die Jahrhunderwende als das Nobelhotel der Stadt, das mit seinen verschiedenen Einrichtungen - Weinprobierstube, Weinrestaurant, Salons, Billardräume, Lese-, Rauch- und Schreibzimmern - sowohl gehobenen Ansprüchen, mit seinem Selbstbedienungs-Automaten-Restaurant aber auch schmaleren Geldbörsen gerecht wurde.

Ebenfalls gern und häufig wurde das Kaiser- spätere Rathauscáfe *(Foto rechts)* an der Ecke Markt/Kronenstraße besucht. Sein Kabarett erfreute sich in den 20er Jahren großer Beliebtheit. Beide Einrichtungen fielen den Bombenangriffen im März 1945 zum Opfer.

Das Hotel "Goldener Anker" *(Foto oben)* befand sich an der Ecke Dresdner/Augustusburger Straße. Nach den Bombenangriffen 1945 blieb das Areal weitgehend unbebaut, als Würdigung des großen Generalissimus Stalin entstand hier zu Beginn der 50er Jahre der "Sowjet-Pavillon". Gegenwärtig erfolgt die Ende der 80er Jahre eingeleitete Überbauung, die den alten Geschäftsstraßen-Charakter des Karrees wieder aufgreift. Eine weitere beliebte Einkaufs- und Geschäftsstraße war die Brückenstraße mit dem 1929-31 nach Entwürfen von Erich Mendelssohn gebauten Kaufhaus Schocken (heute Kaufhof) *(Foto unten)* sowie die Königsstraße, die heutige Straße der Nationen *(Foto rechts)*.

Allgemeine Zeitung
Redaction
Lese-Saal
Hermann Köhler's Fahrrad
8.

Nachdem die Realschule 1869 in die Reitbahnstraße verlegt wurde, baute man das leerstehende Gebäude *(Foto oben, im Bild links)* bis 1879 zum neuen Rathaus um. Dem wachsenden Verwaltungsbedarf der Stadt, die 1883 mit über 100.000 Einwohnern die Großstadt-Grenze überschritt, Rechnung tragend, wurde 1888 mit dem Bau des Stadthauses am Beckerplatz (im Bild rechts) begonnen.

Den Beckerplatz *(Foto links unten)* begrenzt im Norden die Börse, an deren Stelle später das Gebäude der Dresdner Bank errichtet wurde. Das Beckerdenkmal in der Mitte des Platzes ist eine Arbeit von Anton Haendler von 1872.

Foto rechts oben: Blick in die Theaterstraße mit Bürgerschule (links) und Siegessäule.

Foto rechts unten: Blick am Schauspielhaus (links) vorbei in Richtung Äußere Klosterstraße.

49

Das nahe dem Johannis-Friedhof gelegene St. Georgs-Hospital *(Foto oben)* wird bereits 1350 urkundlich erwähnt. 1863-65 entstand der abgebildete Gebäudekomplex an der Feldstraße.
In der Gesamtanlage des Hospitals (1945 zerstört) konnten um die Jahrhundertwende 270 Senioren und Pflegefälle aufgenommen werden.

Blick vom Falkeplatz in die Theaterstraße *(Foto rechts)* und auf das Restaurant "Albertsburg" (Bildmitte).

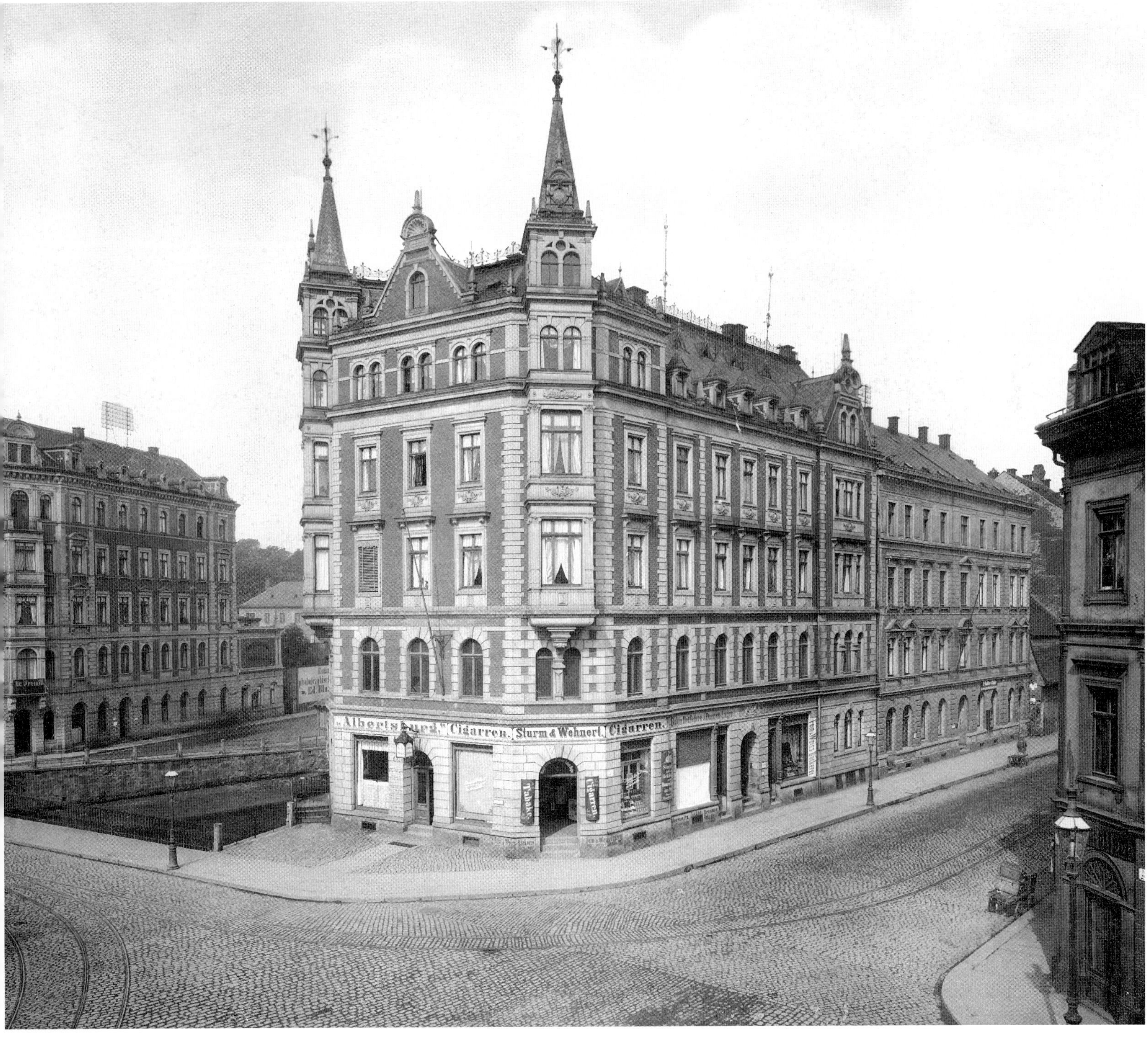

Der Falkeplatz gilt als Sorgenkind des Chemnitzer Verkehrswesens. Der immer dichter werdende Verkehr in Richtung Stollberger und Zwickauer Straße machte bereits 1913 die Beseitigung der Brücke *(Foto oben)* und eine Überdeckung des Chemnitzflusses erforderlich *(Foto rechts)*. 1932 wurde die Falkeplatzüberdeckung in ihrer heutigen Form um- und ausgebaut. Derzeit macht die Staubildung während der "rush-hour" Überlegungen zur Verkehrsberuhigung des Falkeplatzes erforderlich.

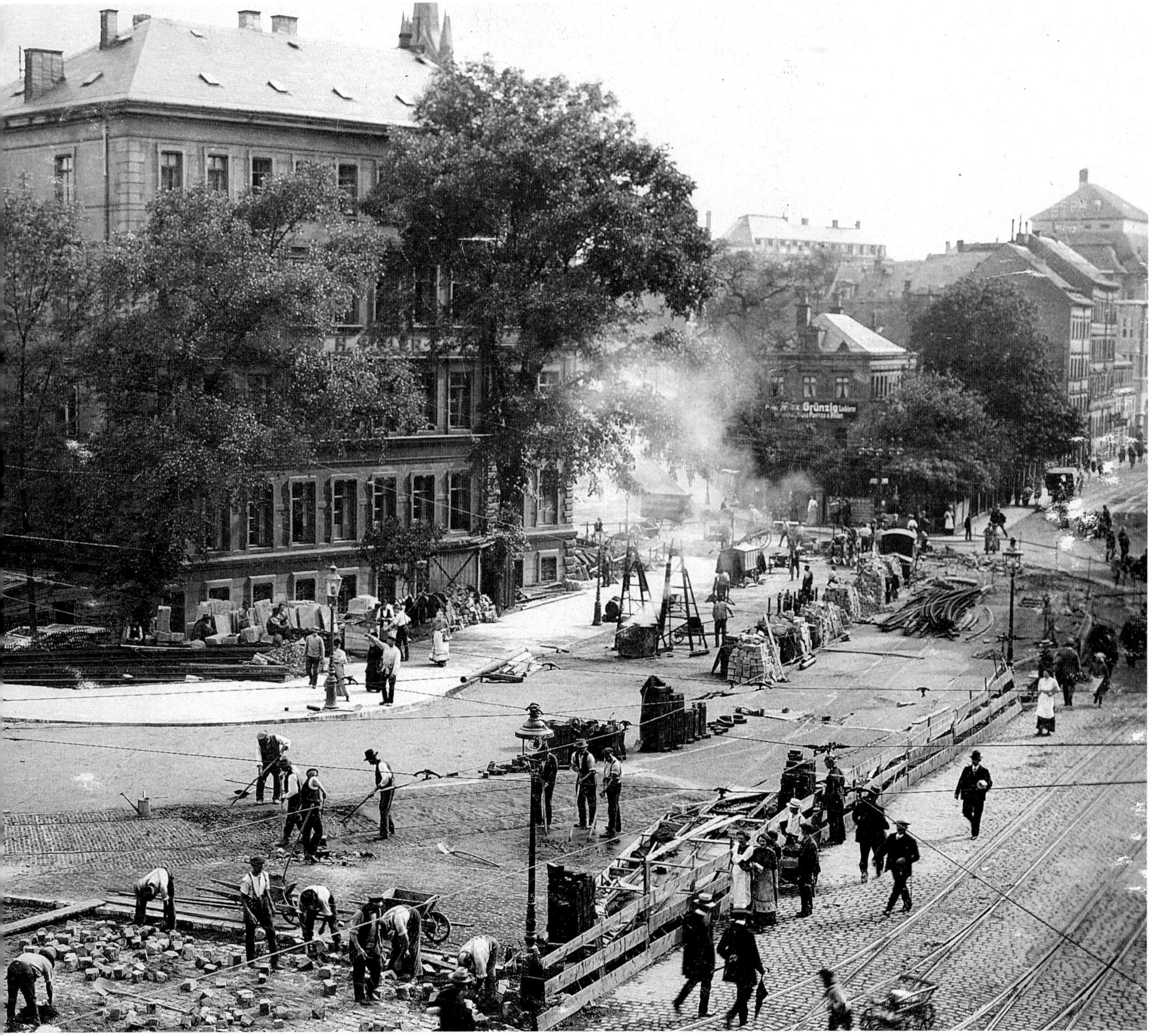
Grünzig

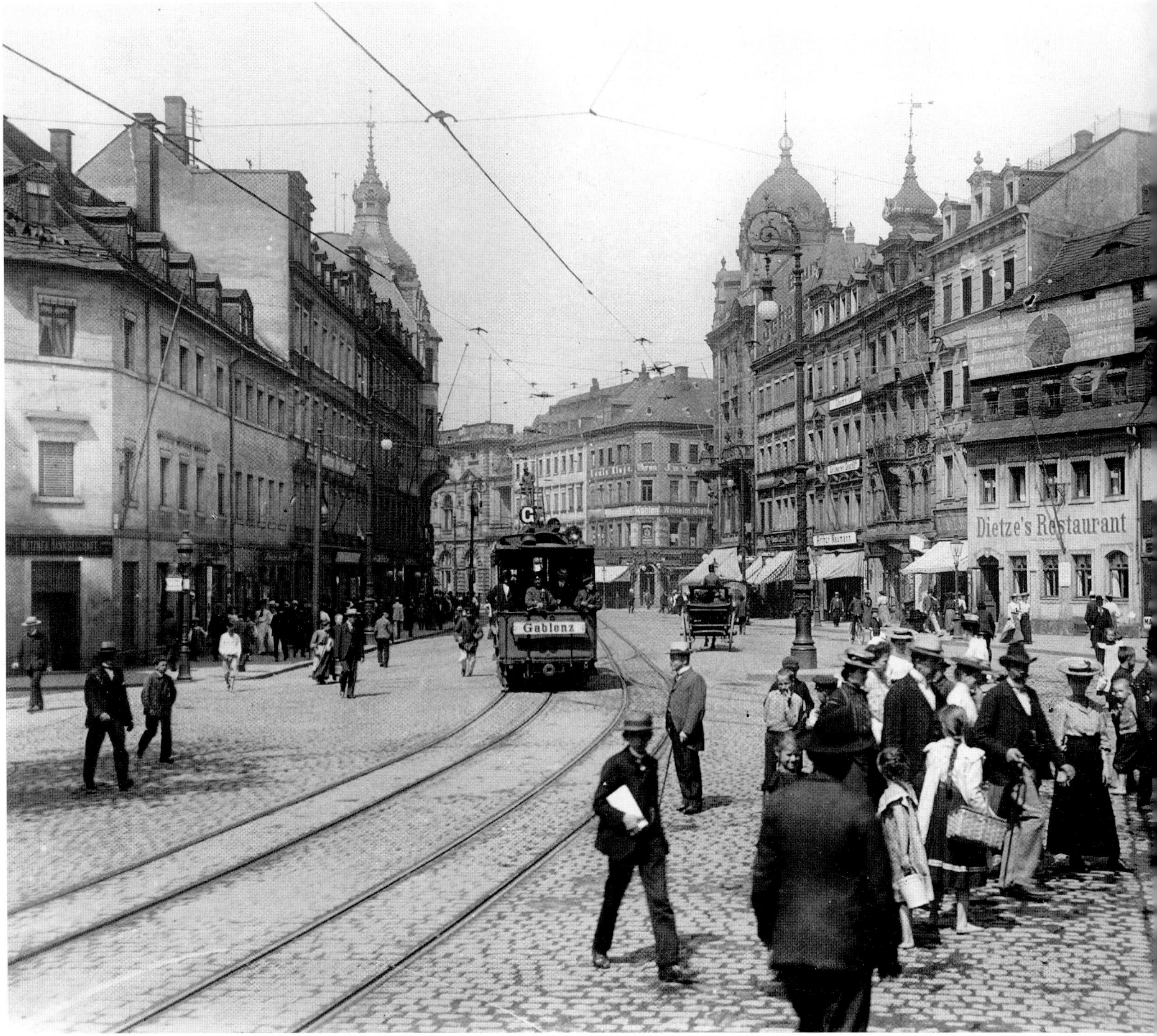
Dietze's Restaurant
Gablenz

Vom künftigen Verkehrsgewühl auf dem Johannisplatz ist auf dieser um 1908 entstandenen Fotografie *(Foto links)* noch kaum etwas zu spüren. In den 30er Jahren zählte der Johannisplatz neben dem Münchner Stachus, dem Berliner Alexanderplatz und dem Dresdner Postplatz zu den verkehrsreichsten Plätzen Deutschlands.

Im Krieg nahezu völlig zerstört, wurde der Platz als Stalinplatz *(Foto oben)* in den 50er Jahren nochmals kurzzeitig städtischer Verkehrsknotenpunkt, bis er, im Zuge der "Karl-Marx-Städter" Innenstadtgestaltung, verkehrsberuhigt und überbaut wurde. Der heutige "Posthof" mit seinen Grünanlagen verbindet die Bahnhofstraße mit der Straße der Nationen.

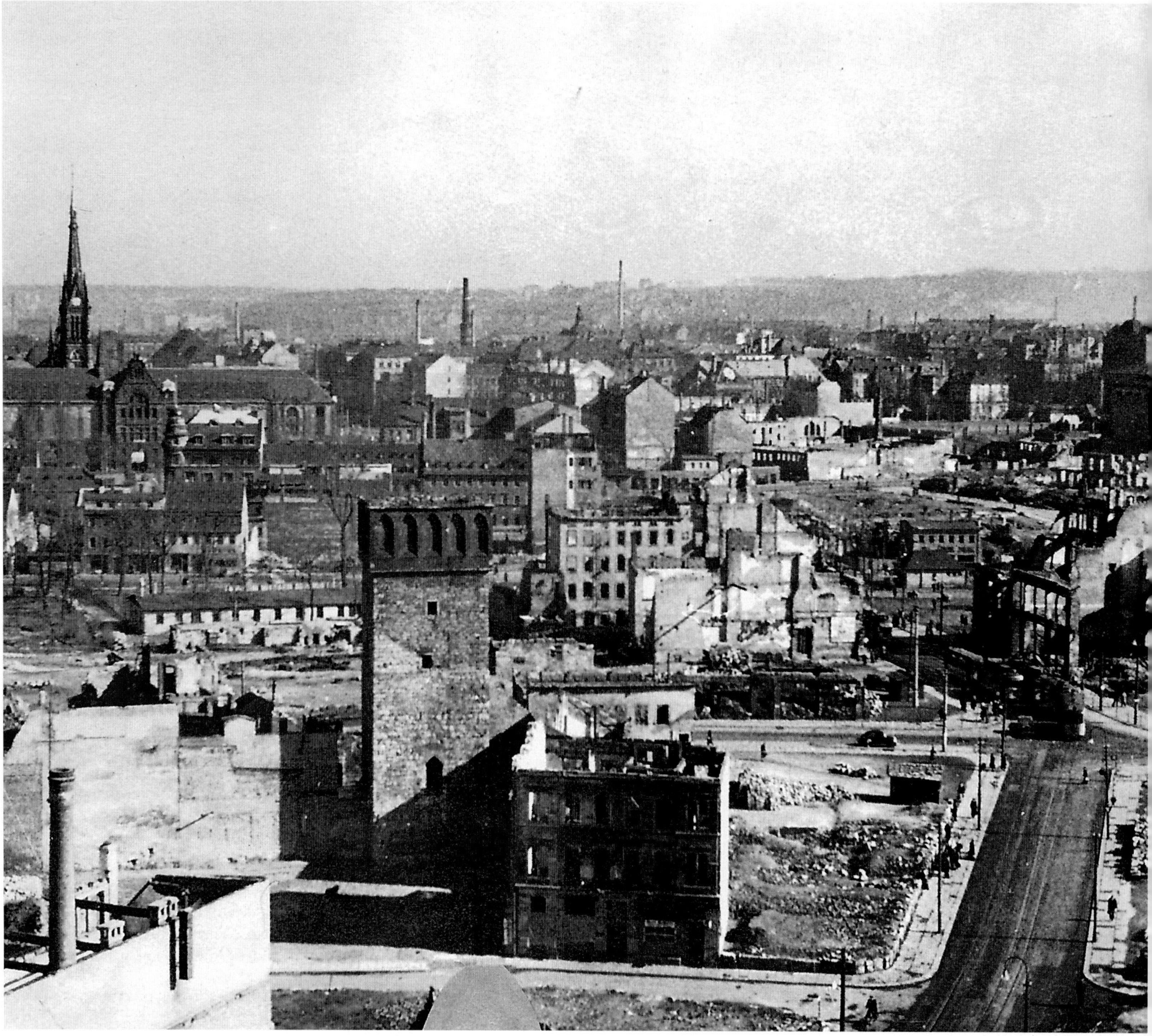

Der von Goebbels propagierte "totale Krieg" wurde für Chemnitz im Februar/ März 1945 grausamste Realität: 6 Angriffe des britischen Bomber Command und der 8. USA-Luftflotte forderten vom 6. Februar bis zum 3. März bereits ca. 1.500 Todesopfer unter der Chemnitzer Bevölkerung. Nach dem am 5. März 1945 folgenden Flächenbombardements in den Vormittags- und Abendstunden meldete die Associeted Press an den darauffolgenden Tagen: Chemnitz ist eine tote Stadt! Während der Angriffe starben rund 2105 Personen, die Innenstadt *(Foto links)* war nahezu vollständig zerstört. Von rund 10.000 Gebäuden blieben lediglich 3.700 annähernd unversehrt, ein Drittel der Wohneinheiten wurden vernichtet. 167 Fabriken und Betriebe fielen den Bomben zum Opfer, die Versorgung mit Elektrizität, Gas und Wasser war, wenn überhaupt, nur noch extrem eingeschränkt möglich.

Doch trotz der umfassenden Zerstörungen, trotz des im April einsetzenden Beschusses durch amerikanische Artillerie, war Chemnitz keine "tote" Stadt. Wie in allen zerstörten Städten Deutschlands ging die Bevölkerung auch in Chemnitz dazu über, die Schäden zu beseitigen *(Foto rechts)*. Am ersten freiwilligen Arbeitseinsatz am 4. August 1945 nahmen 11.000, am 27. Oktober 46.000 Chemnitzer teil. Bis Ende des Jahres wurden insgesamt 33 Kilometer Straßenzüge, darunter die Straßen der Innenstadt (S. 58, hier die Brücken-/Ecke Lindenstraße) und alle Hauptverkehrsstraßen, komplett von Trümmern befreit.

Bei den Wiederaufbauarbeiten der zerstörten Innenstadt fanden gewachsene Strukturen, historische Grundrisse und Gebäudedimensionierungen noch weitestgehend Berücksichtigung. Die umgangssprachlich auch als "Stalin-Stil" bekannte Bauauffassung, die sich infolge der neuen Machtverhältnisse

...n der Sowjetischen Besatzungszone bzw. der späteren DDR durchsetzte, wurde, wie beim ab 1954 vollzogenen Neuaufbau der Inneren Klosterstraße, behutsam dem historischen Charakter des Straßenzuges angeglichen.

Wenig später ist von einer Angleichung a[n] historisch Gewachsenes nichts mehr z[u] spüren: beim Aufbau der zerstörten Berns[-]dorfer Straße *(Foto oben)* dominieren be[-]reits die austauschbaren, monumentale[n] Großblocks *(Foto unten)*, die in diese[r] Form auch in Leipzig, Warschau ode[r] Kiew zu finden wären. Diesen Baute[n] ging das aus der Rohstoffknappheit herau[s] in Chemnitz entwickelte, hochinteressan[-]te Projekt des "Chemnitzer Gewölbe[-]baus" voraus. Bei diesen Wohnhäuser[n] konnte, aufgrund der Gewölbekonstrukti[-]on, auf Stahlträger verzichtet werden[.] Um Zement zu ersetzen, entwickelte[n] Chemnitzer Ingenieure aus Braunkohle[-]nasche einen hydraulischen Binder, de[r] mit Trümmerschutt zu Bauplatten verar[-]beitet wurde.

"Machen Sie das Zentrum hell und licht, damit die Menschen noch viele Jahre später sagen können: Sie haben gut gebaut" empfahl Walter Ulbricht 1961 den Chemnitzer Baufachleuten. Prinzipiell nichts dagegen einwendbar, bedeutete die "Empfehlung" jedoch das endgültige "Aus" für die historisch gewachsene Innenstadt. Wie hier bei der Überbauung des Geländes um den ehemaligen Roßmarkt und der Brüderstraße wurde der ursprüngliche Innenstadtgrundriß völlig negiert.

Folgende Doppelseite: Neubaugebiet Yorkstraße und Stadthallenkomplex mit dem Interhotel "Kongreß".

62

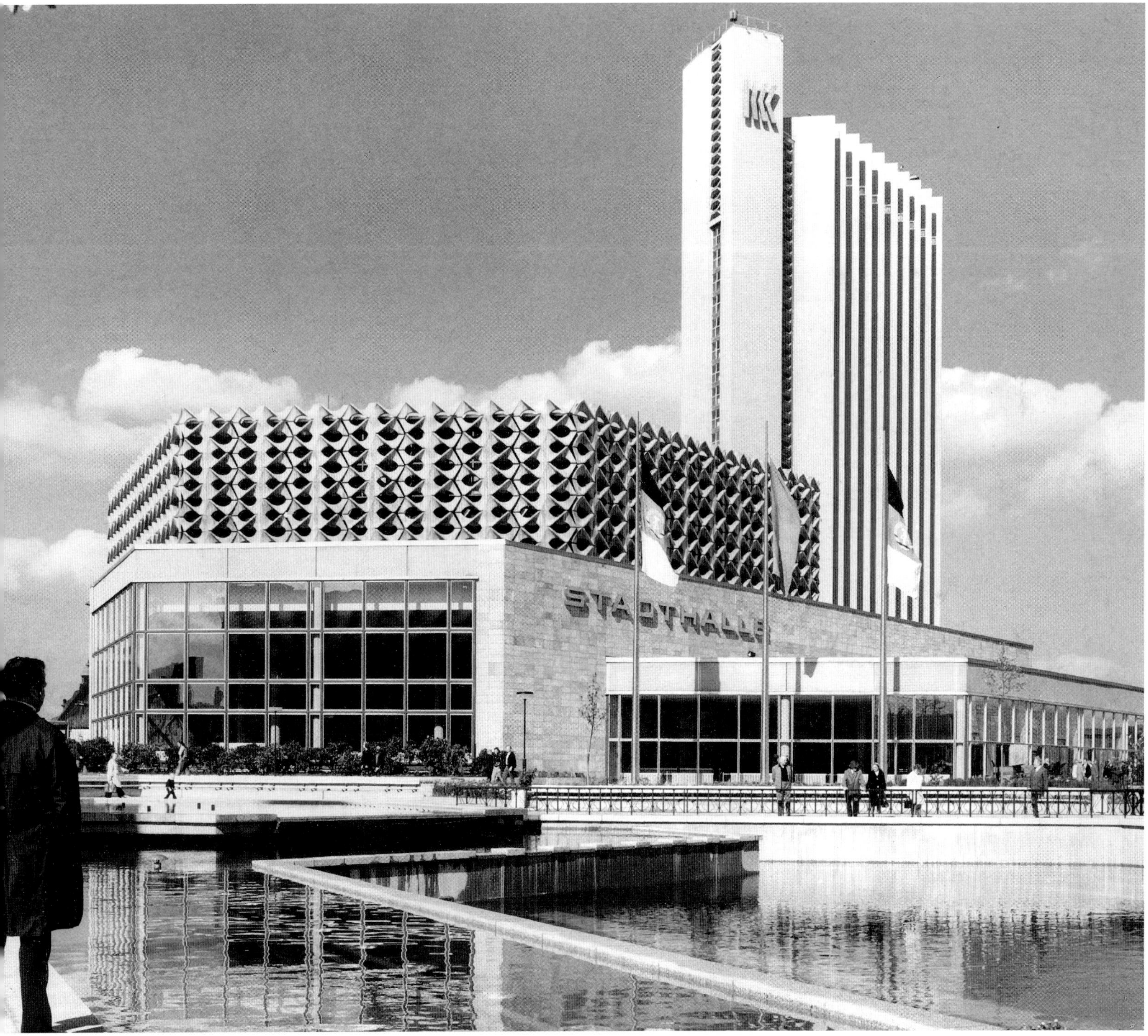
STADTHALLE

64

Veränderungen im Stadtbild fanden selbstredend unter den Chemnitzern stets ein enormes Interesse, erst recht, wenn sich anläßlich von Eröffnungen und Einweihungen neuer, das Bild der Stadt bestimmender Objekte recht viel und recht hohe "Polit-Prominenz" einfand.

Am 22. Juni 1899 entstand diese Fotografie, als im Beisein von König Albert und der Prinzen Friedrich August, Johann Georg und Albert die Standbilder Kaiser Wilhelms I., Bismarcks und Moltkes vor dem Alten Rathaus eingeweiht wurden.

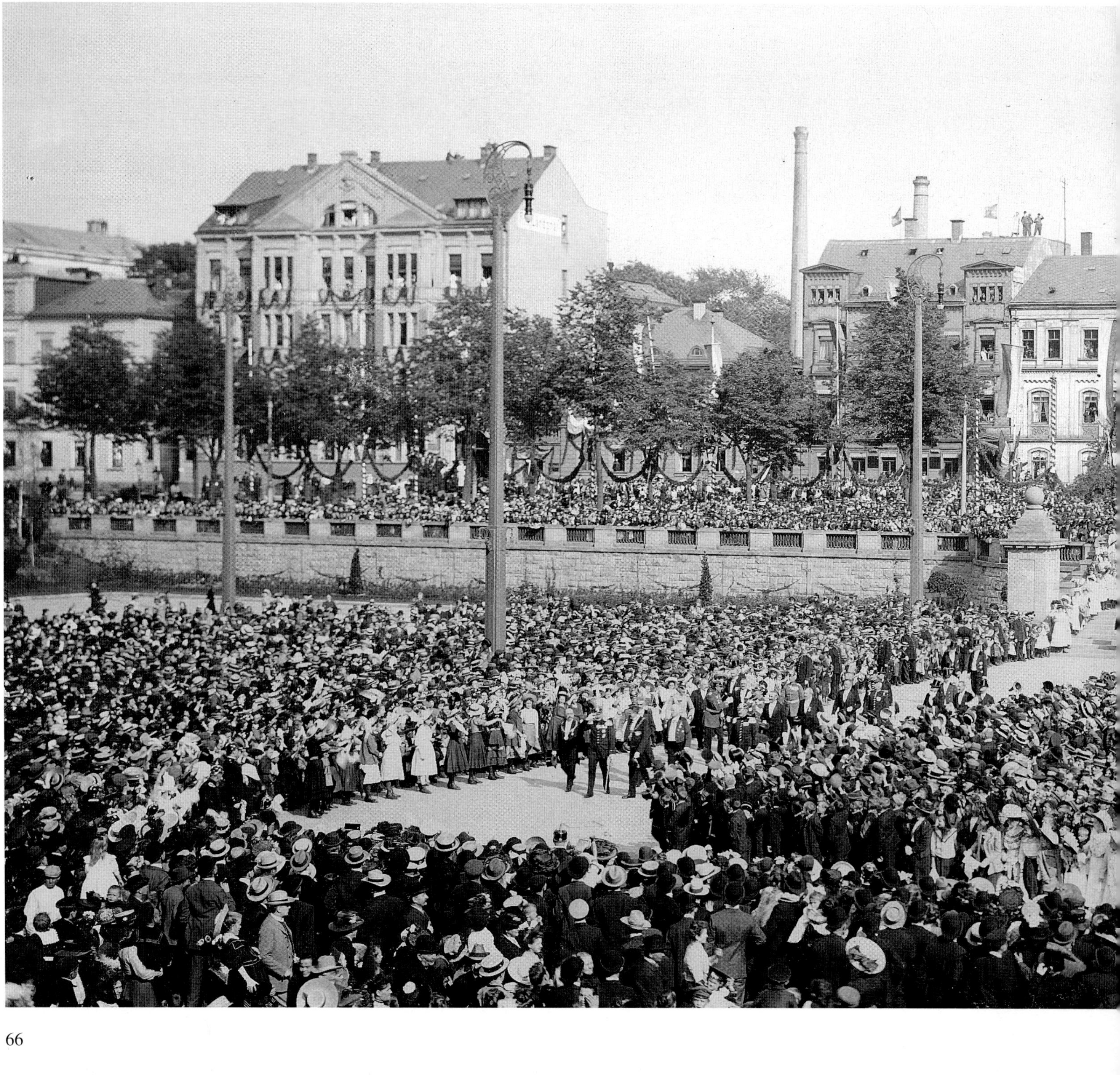

Das Chemnitzer Publikum hatte relativ häufig Gelegenheit, Sachsens gekrönte Häupter unter sich weilen zu wissen. Tausende Bürger der Stadt begrüßten am 1. September 1909 König Friedrich August anläßlich der Einweihung des König-Albert-Museums auf dem Königsplatz.

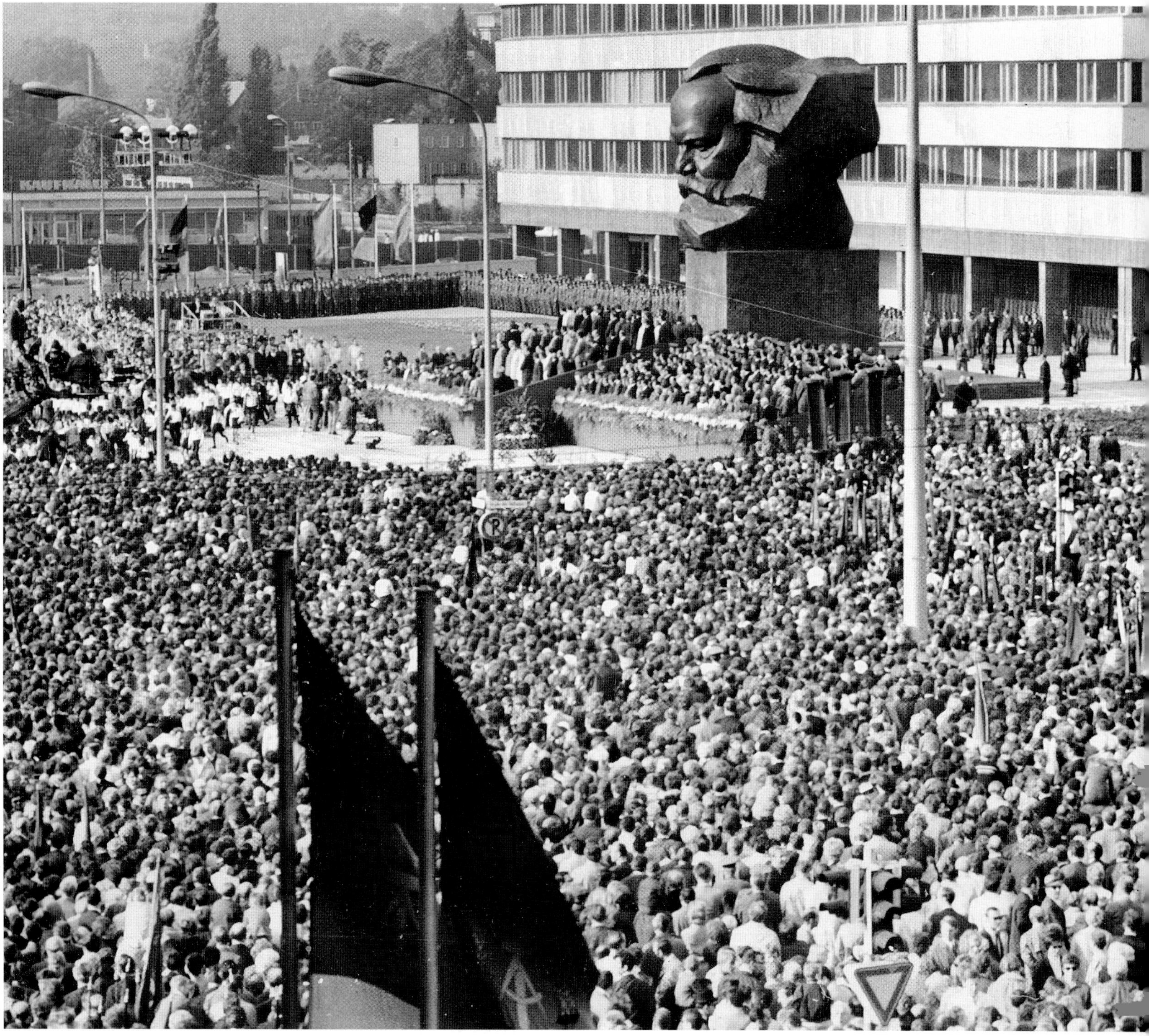

Nicht Sachsens König, sondern der Genosse Erich Honecker zog am 9. Oktober 1971 rund eine Viertelmillion Chemnitzer in die Innenstadt. Nur - waren die alle freiwillig gekommen? Immerhin stand die Einweihung eines Objektes auf der Tagesordnung, das nach dem Willen von Partei- und Staatsführung der DDR Karl-Marx-Stadts neues Wahrzeichen werden sollte. Populär wurde es, doch anders, als erhofft, denn für das vom sowjetischen Lenin-Preisträger Lew Kerbel geschaffene Karl-Marx-Monument bürgerte sich postwendend, respektlos und in unverfälschtem Sächsisch der Name "Nischel" ein. Deutlicher konnte die Diskrepanz zwischen zur Schau gestellter Massenbegeisterung und dem, was man tatsächlich davon hielt kaum sein.

Zeittafel

um 1136	Kaiser Lothar von Supplinburg stiftet auf einem Höhenzug oberhalb des Chemnitzflusses ein Benediktinerkloster. Die mit Pegauer Mönchen besetzte Abtei ist Christus und der Gottesmutter geweiht.
1143	König Konrad III. bestätigt urkundlich die Stiftung seines Vorgängers und verleiht dem Kloster St. Marien das Recht, am "locus kameniz dictus", am "Chemnitz genannten Orte", künftig einen öffentlichen Markt abzuhalten. Dieser Akt soll dem weiteren territorialen Ausbau der königlichen Domäne Pleißenland dienen und orientiert auf eine spätere Stadtgründung.
1170/90	Vermutlich im letzten Drittel des 12. Jahrhunderts entsteht unter Kaiser Friedrich I. Barbarossa die Reichslandstadt Chemnitz. Als reichsunmittelbare Stadt untersteht sie direkt der deutschen Krone.
um 1200	Die Stadt wird befestigt, in den folgenden Jahrzehnten weicht der Palisadenzaun der Stadtmauer. Sie findet 1264 ihre urkundliche Ersterwähnung.
um 1254	Chemnitz fällt, als Mitgift für die Tochter Kaiser Friedrich II., pfandweise an die Wettiner. Nach dem deutschen Interregnum bestätigt Rudolf von Habsburg und Adolf von Nassau nochmals die Reichsunmittelbarkeit der Stadt. Gegen die Einverleibungsbestrebungen der Wettiner schließen die drei Reichsstädte im Pleißenland, Altenburg, Chemnitz und Zwickau, auf Anregung König Rudolfs ein Schutz- und Trutzbündnis.
1298	Die Ratsverfassung hat sich herausgebildet, die Stadt hat einen Bürgermeister (magister civium) und Räte (consules).
1308	Nach der Schlacht bei Lucka verliert die Stadt den Status der Reichsunmittelbarkeit; Chemnitz stellt sich unter den Schutz des Markgrafen Friedrich von Meißen.
1357	Die Markgrafen Friedrich und Balthasar räumen einer Gruppe Chemnitzer, Freiberger und Oederaner Bürger das Recht ein, in Chemnitz eine Bleiche als Einzige "bey zehen milen in vunsern landen" einzurichten. Da nun nahezu die gesamte, in Sachsen produzierte Rohleinwand zum Veredeln auf die Chemnitzer Bleichpläne gebracht werden muß, entwickelt sich die Stadt zu einem bedeutenden Wirtschaftsstandort, dessen Profil durch die textilen Gewerbe geprägt wird. Die Bleichanlagen bestimmen das Bild der Stadt nach Nordwesten hin teilweise bis ins 20. Jahrhundert.
1379	Große Teile der Stadt, darunter auch der hölzerne Rathausbau, fallen einem verheerenden Großfeuer zum Opfer. 1389 und
1395	wiederholt sich die Katastrophe.
1400	Die Innungen der Schuhmacher, Leineweber, Bäcker, Tuchmacher, Fleischer, Schneider und Schmiede werden urkundlich erstmalig erwähnt.
1423	Die Stadt erwirbt die Hohe und Niedere Gerichtsbarkeit von Kurfürst Friedrich dem Streitbaren.
1430	Streifscharen der Hussiten zerstören die Johannisvorstadt.
1471	Der Ratsherr und Kaufmann Nickel Tyle errichtet südlich der Stadt die erste sächsische Saigerhütte. Der bedeutendste Chemnitzer Unternehmer dieser Zeit, Ulrich Schütz, betreibt 1477 zwei Kupferhämmer.
1481	Grundsteinlegung für das Franziskanerkloster an der Pforte.
1496-98	Bau des ersten steinernen Rathauses.
um 1500	Unter den letzten beiden Äbten des Benediktinerklosters wird St. Marien in eine schloßähnliche Anlage umgebaut. Neben dem Architekten Arnold von Westfalen werden dazu auch der Maler Hans von Cöln und der Bildhauer Meister Hans Witten, die beide auch für die Stadt Aufträge ausführen, gewonnen.
1531-55	Der Universalgelehrte Georgius Agricola wird Bürger der Stadt und schafft sich in Chemnitz optimale Forschungs- und Lebensbedingungen. Er wird, auf Betreiben seines Gönners Moritz von Sachsen, mehrfach zum Bürgermeister gewählt. In Chemnitz verfaßt Agricola u.a. sein enzyklopädisches Hauptwerk "De re metallica".
1539	Einführung der Reformation. Die Klöster werden aufgelöst, St. Marien in den Folgejahren in ein kurfürstliches Schloß umgebaut.
1556/57	Ausbau des Rathauses im Stil der Renaissance.
1632	Der Dreißigjährige Krieg greift auf Sachsen über. Chemnitz wird mehrfach massiv einbezogen. Als 1650 die letzten schwedischen Truppen die Stadt verlassen, hat sie ca. 66% ihrer Bevölkerung verloren. Über 70% der Häuser und der Großteil der Produktionsanlagen sind zerstört.

1662	Um die Gewerbe der nach wie vor schwer zerstörten Stadt zu fördern, verfügt die kursächsische Regierung eine Erneuerung des Bleichprivilegs von 1357. Mit der Aufnahme der Canevas-Produktion nach holländischem Vorbild ab 1675 zeichnete sich erneut ein Aufwärtstrend in den Leinwand- und Baumwollge werben ab.
1667	Wiederherstellungsarbeiten an der Stadtbefestigung.
1700	Chemnitz wird wiederum in militärische Ereignisse einbezogen: während des Nordischen Krieges besetzen dänische Truppen die Stadt.
1721	Die alten Bleichanlagen genügen nicht mehr den Anforderungen des Marktes. Der Verleger Johann Georg Crusius erhält, neben anderen Unternehmern, die Genehmigung zur Einrichtung von Privatbleichen an der Chemnitz.
1746	Umbauarbeiten am Rathaus. Der Hohe Turm erhält durch Johann Gottlieb Ohndorf sein barockes Aussehen.
1756	Am Vorabend der drohenden Auseinandersetzung mit Preußen befindet sich die Stadtmauer in einem katastrophalen Zustand.
1756-63	Im Siebenjährigen Krieg wird Chemnitz von preußischen Truppen besetzt, die 1,12 Mill. Thaler aus der Stadt herauspressen.
1770	Einführung des Kattundruckes durch den aus Hamburg stammenden Bleicher und Coloristen Georg Schlüssel.
1771	Beginn manufaktureller Produktion im Bereich des Kattundrucks.
1771/72	Einer durch Mißernten, Überflutungen und Teuerungen verursachten Hungerkatastrophe fallen in Chemnitz 2000 Personen zum Opfer.
1798	Bau der ersten Fabrik bei Chemnitz. In Harthau errichtet Carl Friedrich Bernhard seine Spinnmühle nach englischem Vorbild.
1799	Errichtung der Spinnmühle von Wöhler & Lange. Mit dem Bau der beiden v.g. Fabriken beginnt für Chemnitz der Prozeß der Industrialisierung.
1806-15	Durch die Ausschaltung der englischen Konkurrenz infolge der von Napoleon verhängten Kontinentalsperre erleben die textilen Gewerbe der Stadt einen immensen Aufschwung.
1811/12	Beginn des Maschinenbaues. Rund 60% der im Kgr. Sachsen laufenden Spindeln stammen aus Chemnitzer Maschinenbauwerkstätten.
1817	Obwohl bereits "mit beiden Beinen im Maschinenbauzeitalter", hat Chemnitz noch immer sein mittelalterliches Aussehen. Noch umgeben Haupt- und Zwingermauer, die jetzt jeder Funktion entbehren und in Teilen bereits geschliffen wurden, den Stadtkern.
1827	Abbrucharbeiten an Mauern und Toren, Auffüllung des Stadtgrabens zwischen Rotem Turm und Klosterstraße. Auf diesem Gelände entsteht zwischen 1829 und 1831 die Bürgerschule.
1830	Eröffnung der Weberfachschule.
1831	Nach der sächsischen Verfassungsreform wird das erste Stadtverordnetenkollegium gewählt.
1836	Gründung der Königlichen Gewerb-Schule. Aus ihr geht die Staats-Lehranstalt, der Vorläufer der späteren Technischen Hochschule, heutigen Technischen Universität, hervor.
1838	Einweihung des Stadttheaters.
1852	Nach dem zwischen 1845-52 vollzogenen Bau der Eisenbahnlinie zwischen Riesa-Chemnitz erhält die Stadt Anschluß an das Eisenbahnnetz.
1856/58	Die Erfolgsbilanz der bekanntesten und leistungsfähigsten Chemnitzer Betriebe weist die ersten Produktionsjubiläen aus: Schönherr produziert 1856 den 1000. Webstuhl, Hartmann zwei Jahre später die 100. Lokomotive.
1879	Das Alte Rathaus genügt dem gewachsenen Verwaltungsaufwand der Stadt nicht mehr. Das Realgymnasium an der Poststraße wird zum neuen Rathaus umgebaut.
um 1880	Innenstadt und Vororte expandieren, wachsen aufeinander zu und fusionieren schließlich. In den sog. Gründerjahren nach der Reichseinigung entwickelt sich Chemnitz zur Großstadt:
1883	überschreitet die Stadt die 100.000-Einwohner-Marke.
1880	Bau der ersten Pferdebahn-Linien.
1886	Der Chemnitzer Großindustrielle Claus stiftet der Stadt ein Areal von 3,3 ha am Chemnitzfluß. Aus dieser Stiftung entsteht in den Folgejahren der Stadtpark, der sich, nach der Eingemeindung der Vororte Helbersdorf und Markersdorf, über eine Länge von 6 km vom Harthwald bis an die Peripherie der Innenstadt erstreckt.
1907-11	Bau des Neuen Rathauses.
1909	Das König-Albert-Museum und das Neue Stadttheater (heute Opernhaus) werden eingeweiht. Gutachten zu dem in Chemnitz nicht unumstrittenen Projekt der Bebauung rund um den Theaterplatz liefert u.a. auch Paul Wallot, der Architekt des Berliner Reichstagsgebäudes.

1912/13 Nach Entwürfen des Architekten Wilhelm Kreis entsteht das neue Kaufhaus H. & C. Tietz.

1929/30 Bau des von Erich Mendelssohn entworfenen Kaufhauses Schocken.

1929/31 Die Stadt sichert die Restsubstanz des ehemaligen Benediktinerklosters und richtet in den verbliebenen Räumen das Museum für Stadtgeschichte, für das sich der Name "Schloßbergmuseum" im Laufe der Jahre einbürgert, ein.

1937 Rund ein Viertel aller in Deutschland gefertigten Kraftwagen rollen in den Chemnitzer Werken der Auto Union AG vom Band.

1945 bei anglo-amerikanischen Bombenangriffen wird die Innenstadt zu fast 90% zerstört.

1953-94 Noch schwer gezeichnet von den Zerstörungen des Krieges, verliert die Stadt durch die administrativ verfügte Umbenennung in "Karl-Marx-Stadt" einen weiteren Teil ihrer Identität.

Der weitere Aufbau der Stadt erfolgt nach den Richtlinien sozialistischen Städtebaues. Verwaltungs-, Wohn- und Zweckbauten in Großplattenbauweise, breite Aufmarschstraßen, aber auch großzügige innerstädtische Ruhezonen, Park- und Gartenanlagen bestimmen das Bild der City. Nach der politischen Wende laufen im rückbenannten Chemnitz größere Bauvorhaben nur zögerlich an. Noch immer sind große, durch den Bombenterror des Krieges entstandene innerstädtische Freiareale unbebaut.

Seit 1993 wird das Bestreben die Innenstadt in eine moderne, jedoch Historisches berücksichtigende, City umzugestalten, deutlich spürbar.